NOTICE

SUR

LES DERNIERS MOMENTS

DE

PIERRE GALZIN

Né à Pont-de-Camarès le 20 août 1815 et endormi
au Seigneur le 2 avril 1867.

PRIX : 10 CENTIMES.

TOULOUSE,

SOCIÉTÉ DES LIVRES RELIGIEUX.

Dépôt : rue Romiguières, 7.

1867

NOTICE

SUR LES DERNIERS MOMENTS

DE

PIERRE GALZIN

PUBLIÉ PAR LA SOCIÉTÉ DES LIVRES RELIGIEUX
DE TOULOUSE.

Toulouse, Imprimerie de A. CHAUVIN, rue Mirepoix, 3.

NOTICE

SUR

LES DERNIERS MOMENTS

DE

PIERRE GALZIN

NÉ À PONT-DE-CAMARÈS LE 20 AOUT 1815 ET ENDORMI
AU SEIGNEUR LE 2 AVRIL 1867.

—

PRIX : 10 CENTIMES.

—

TOULOUSE,
SOCIÉTÉ DES LIVRES RELIGIEUX.
Dépôt : rue Romiguières, 7.

—

1867

Nous soussignés, pasteurs de l'église de Camarès, certifions véritables les détails contenus dans les pages suivantes.

Camarès, le 27 juin 1867.

N. Bonhoure, pasteur.
Aug. Terraillon, pasteur suffragant.

NOTICE

SUR LES DERNIERS MOMENTS

DE

PIERRE GALZIN

Né à Pont-de-Camarès le 20 août 1815 et endormi
au Seigneur le 2 avril 1867.

———

L'attachement pour ceux que la
mort vous ravit ne se manifeste pas
exclusivement par les regrets qu'on
leur donne et par les larmes versées
sur leur mémoire : il se montre aussi
par le respect que l'on a pour l'accomplissement de leurs dernières et
suprêmes volontés. Telle est l'occasion
unique de ces lignes, qui n'ont d'autre but que de montrer, dans leur
simplicité naïve, ce que peut produire

la foi chrétienne dans les circonstances les plus critiques de la vie.

A l'école de son Sauveur, Pierre Galzin avait appris l'humilité. C'est une vertu qui rayonnait en tout son être, et lorsqu'il a prié sa famille de conserver ses dernières paroles, il a expressément déclaré que ce n'était point par esprit d'orgueil qu'il émettait un désir semblable, mais pour accomplir son devoir d'ambassadeur pour Christ. Quand on a eu le bonheur de donner son cœur à Dieu et d'éprouver les effets que procure l'assurance du pardon par Jésus-Christ, c'est un devoir, en effet, que de se faire apôtre de la bonne nouvelle qu'on a reçue soi-même, et d'appeler ses frères à se ranger sous la bannière de Celui qui est venu dans le monde pour sauver les pécheurs. Ce devoir, Galzin l'a réalisé avant de rendre le dernier soupir, en sorte qu'en livrant ces lignes à l'impres-

sion, nous ne faisons que nous con-
former à ces vœux, en même temps
qu'à la ligne de conduite qu'il s'était
tracée lui-même. Du jour où, après
s'être posé cette question : « Que
faut-il que je fasse pour être sauvé? »
notre frère en a trouvé la solution dans
celles de son Sauveur lui-même :
« Crois seulement; » il a éprouvé le
besoin de donner gratuitement ce qu'il
avait reçu gratuitement.

Homme de labeur et de souffrance,
Galzin a été aussi un homme de prière
et de méditation. Si son amour pour
le travail a été cause de la maladie
qu'il avait contractée, son esprit de
foi et de réflexion a été aussi le moyen
dont Dieu s'est servi pour appeler
cette âme à lui. Infatigable à la peine,
Galzin paya, à l'âge de quarante-sept
ans, de la perte de la santé, l'impru-
dence qu'il commit un jour de boire
étant en grande transpiration. Des
hémorragies fréquentes vinrent, dès

ce moment affaiblir peu à peu sa con-
stitution, et, deux ans après, une surdité, qui devint bientôt complète, mit
le comble à la triste situation dans
laquelle le malade se trouvait déjà.
Mais le Seigneur n'avait pas aban-
donné la créature qu'il éprouvait
d'une si rude manière. Déjà, avant
d'appesantir sa main sur elle, il l'a-
vait préparée à recevoir les maux
qu'il allait lui envoyer et à en pro-
fiter pour le salut de son âme. Galzin
n'avait repoussé aucun des appels que
Dieu lui avait adressés dans sa grâce :
les exhortations des pasteurs fidèles
et dévoués avec lesquels, depuis
quelques années, il aimait à s'entretenir souvent de la seule chose
nécessaire, non plus que les encou-
ragements d'une épouse qui sut
toujours lui adresser des paroles pro-
pres à l'attirer vers Celui en qui
elle croyait elle-même, n'avaient été
perdus pour lui ; aussi l'épreuve ne

surprit-elle pas notre frère à l'impro-
viste. Il la reçut en chrétien, et bien
loin de lui enlever la moindre par-
celle de sa foi, elle affermit sa confiance en Dieu et cimenta son union
avec lui. Souvent on l'a vu, même
dans les premières années de sa maladie, se retirer à l'écart, et, par la
prière, épancher son âme devant
Dieu. Isolé du monde par sa surdité,
il se livrait pour ainsi dire con-
stamment à la lecture de la Bible, ou
bien conversait avec Dieu, en lui of-
frant ses actions de grâces et le chant
de ses louanges. La nuit, troublé par
l'insomnie, il priait encore et faisait
monter vers le Seigneur des hymnes
sacrées. Qui peindra les ravissements
de son âme durant ces heures de pro-
fonde adoration? « Du jour, » nous
disait-il, « où la maladie est venue
fondre sur moi, je me suis senti
marqué du doigt de la mort. Mais si
je souffre dans mon corps, je ne

souffre pas dans mon âme ; si mon oreille est sourde à la voix de mes semblables, mon âme est attentive à celle de son Dieu. »

Ne pouvant entendre les membres de sa famille ou les personnes qui le visitaient et parmi lesquelles il s'en trouvait qui venaient s'entretenir avec lui de choses sérieuses, Galzin dut recourir au moyen suivant pour se mettre en rapport avec ses frères. Quand on entrait chez lui et qu'on manifestait l'intention d'adresser la parole au pauvre malade, une ardoise et un crayon vous étaient présentés. Galzin lisait ensuite ce que le visiteur avait écrit sur l'ardoise et répondait aux questions qu'on lui avait posées, ou faisait des réflexions sur ce qu'il avait lu. C'est ainsi qu'en lui retirant la faculté d'ouïr, Dieu lui avait encore laissé celle de pouvoir librement échanger ses pensées avec ses parents et ses amis. Bien des fois

le malade manifesta sa reconnaissance
envers le Seigneur de ce qu'il lui
avait conservé la faculté de faire usage
de sa chère ardoise pour communi-
quer avec ses semblables. Aussi avec
quel empressement il essayait de dé-
chiffrer les caractères, quelquefois
presque illisibles, qu'on lui présentait !
Son bonheur augmentait encore quand
les lignes qu'on lui adressait étaient
remplies par des versets de l'Ecriture
sainte ou par des réflexions sur tel
ou tel sujet religieux. Que de fois,
dans nos visites pastorales, n'avons-
nous pas été à même de juger de sa sa-
tisfaction, quand nous l'entretenions
ainsi de Dieu, de Jésus-Christ, de
pardon, de salut et de vie chrétienne !
Que de fois n'avons-nous pas eu le
plaisir d'écrire une prière sur la pré-
cieuse ardoise et de la donner à lire
à Galzin, en nous associant avec lui de
cœur quand il la répétait avec une
pieuse émotion !

C'est dans les derniers jours de sa
vie que tout ce qu'il y avait en Galzin
de foi et de vie chrétienne s'est mani-
festé d'une manière éclatante. Du moment où, trahi par ses forces et cloué
sur son lit de douleur, il n'a pu se
retirer dans une chambre solitaire
pour se jeter à genoux devant Dieu,
notre frère n'a pu garder enfoui le
trésor que le Seigneur lui avait confié,
et c'est alors qu'il a dévoilé devant
tous le bienheureux état de son âme.
Dès lors aussi il a adressé de pres-
sants et chaleureux appels aux nom-
breux amis qui venaient entourer son
lit de souffrance, et prononcé des prières émues pour lui et pour les siens,
demandant à Dieu que ceux qui étaient
témoins de sa joie et de ses espéran-
ces devinssent participants des mêmes
grâces qui lui avaient été si abon-
damment accordées.

« Que c'est une grande chose, » disait-il à l'époque où son état de fai-

blesse vint l'obliger à s'aliter, « que
» c'est une grande chose que de se re-
» poser dans les bras du Seigneur, et
» que je serais heureux de pouvoir
» laisser à ma femme et à mes en-
» fants un témoignage de l'amour
» que Jésus-Christ a eu pour nous
» tous et pour moi en particulier ! »

Ce vœu exprimé, Galzin eut la pensée de faire recueillir par sa fille
aînée, sous forme de journal, les paroles que Dieu lui inspirerait, pour
l'édification de ceux qui pourraient
les entendre ou les lire ; ce sont ces
paroles que nous allons maintenant
transcrire le plus textuellement pos-
sible.

Le 21 mars à sept heures du matin, Mme Galzin ayant entendu son
mari parler à voix basse, s'approcha
doucement de son lit. Le malade
s'aperçut de la présence de sa femme
et lui dit : « Oh ! le bon moment que
» je viens de passer à m'entretenir

» avec le Seigneur! Il m'a semblé
» voir briller comme un éclair, et
» sentir le Seigneur me prendre dans
» ses bras et m'élever doucement à
» lui sans me faire aucun mal. Que
» ma joie était grande ! »

Dans la même journée, quelques
personnes se trouvant réunies dans sa
chambre, Galzin leur dit : « La ma-
» ladie est venue me surprendre le
» 25 octobre 1863; mais cette jour-
» née a été pour moi une journée de
» bonheur; car, avant elle, je m'éga-
» rais, j'étais rebelle à Dieu, et il a
» voulu m'envoyer cette épreuve pour
» le bien de mon âme. Sa Parole le
» dit : Dieu châtie celui qu'il aime,
» et ainsi il m'a châtié dans mon corps
» afin de relever mon âme. Qu'il est
» difficile de comprendre, quand on
» ne l'a pas éprouvé, le bonheur
» qu'il y a de vivre en communion
» avec le Seigneur et de mettre toute
» sa confiance en lui ! »

Puis, cédant au besoin d'élever son âme à Dieu avant de continuer. Galzin prononça la prière suivante, interrompue parfois par les sanglots de sa femme et de ses enfants : « O notre
» Dieu et notre Père céleste, qui
» m'accordes la grâce de pouvoir
» élever mon âme à toi pour te re-
» mercier de tous tes bienfaits et de
» pouvoir parler de toi, de ton Fils
» et de ton Evangile! grave toi-même
» ta Parole dans mon cœur, et qu'elle
» me porte tous les jours davantage
» à t'aimer et à te servir. Donne-
» moi de rendre témoignage à ton
» saint nom par ma conduite tout en-
» tière. Préserve-moi du mal ; mais,
» si je viens à t'offenser, accorde-moi
» le repentir sincère de mes fautes
» et la confiance que si tu es un juge
» sévère pour ceux qui te mécon-
» naissent, tu es un Père miséricor-
» dieux pour ceux qui veulent être
» tes enfants. Exauce-moi, ô mon

» Dieu, et veuille me soutenir dans
» ma faiblesse, au nom de ton Fils
» Jésus-Christ, notre Sauveur. Amen!»

Après cette prière, Galzin appela sa
femme et ses enfants, qui se rangè-
rent autour de son lit, et leur dit :
« Ne vous désolez pas, car si vous
» vous désoliez, vous pleureriez sur
» mon bonheur. Vous savez que j'ai
» une place préparée dans le ciel et
» que, dans peu, j'irai l'occuper.
» Vous savez aussi que nous nous
» reverrons tous dans la patrie cé-
» leste. Il me tarde de déloger de ce
» monde pour être avec le Seigneur;
» il ne vous faudra donc pas mur-
» murer, quand l'heure de ma déli-
» vrance sonnera. Oh! Dieu veuille
» me donner la force de persévérer
» jusqu'à la fin, et je sais qu'il me
» la donnera; car tout ce que nous
» demandons avec foi il nous l'ac-
» corde. Qu'il me soutienne seule-
» ment dans le bon combat de la foi;

» car nous avons des moments de
» faiblesse pendant lesquels nous
» sentons vivement le besoin d'un
» appui ; mais j'ai un ami qui ne
» m'abandonnera pas ! » Et Galzin fit
suivre ces dernières paroles du chant
du cantique qui commence ainsi :

« Soyons prêts, craignons de dormir ;
» Chrétiens , le Sauveur va venir ! »

Dans la même journée, après une
nouvelle prière, il appela encore une
fois sa femme et ses enfants auprès
de lui pour leur adresser quelques
paroles de consolation qui n'ont pu
être conservées.

Le lendemain, un ami avec lequel
Galzin s'entretenait souvent de choses
sérieuses, étant venu le voir , le malade profita de sa présence pour lui
demander s'il avait enfin suivi son
conseil de donner son cœur à Dieu.
« Oh ! » ajouta-t-il, « si vous saviez
» combien je suis heureux de l'avoir

» fait, vous ne tarderiez pas davan-
» tage. Le Seigneur nous dit lui-
» même que le lendemain ne nous
» appartient pas; si donc aujourd'hui
» vous entendez sa voix, n'endur-
» cissez pas votre cœur. » -

Le 23 mars, à cinq heures du soir,
Galzin eut une grande faiblesse ; sa
femme, ses enfants et des amis lui
prodiguèrent leurs soins, et, quand
ses forces furent un peu revenues, il
leur adressa l'exhortation suivante :
« Ah! n'attendez pas à plus tard pour
» donner votre cœur à Dieu ; car
» vous ne savez pas si plus tard il
» serait encore temps ! Ne cherchez
» pas des excuses et ne dites pas en
» vous-mêmes : « Cela nous empê-
» cherait de nous livrer à nos occu-
» pations ordinaires ; » si vous vous
» vous confiez au Seigneur, votre
» fardeau n'en sera que plus léger. »
Puis, s'adressant à ses enfants :
« Vous qui commencez votre carrière,

» tournez-vous vers le Seigneur, et
» il vous protégera et ne vous aban-
» donnera pas. Je vais vous quit-
» ter. Quand Dieu le jugera conve-
» nable il me prendra à lui ; mais ne
» craignez rien, car Dieu est amour.
» Il est amour à mon égard ; Jésus-
» Christ est là-haut, dans le ciel, qui
» intercède en ma faveur ; c'est mon
» avocat auprès du Père ! »

Enfin, se tournant vers sa femme :
« La faiblesse que je viens d'avoir
» t'a bien fait peur, » lui dit-il ; « mais
» tu n'as pas à te désoler, car je vais
» jouir d'une félicité qui n'aura point
» de fin, et je vous ai tous recom-
» mandés à Dieu ; il ne vous aban-
» donnera pas, j'en suis sûr, puisqu'il
» m'a exaucé dans tout ce que je lui
» ai demandé. »

Un ami de la famille prononça alors
une fervente prière ; puis le malade
pria à son tour, en rendant au Seigneur de vives actions de grâces de

ce qu'il lui permettait d'élever encore son âme à lui.

« Je sais bien, » disait-il dans son naïf langage, « je sais bien que je ne » puis m'exprimer comme je le vou- » drais ; mais, Seigneur, tu ne re- » gardes pas aux belles phrases ; tu » veux seulement que nos supplica- » tions partent du cœur. Tu sais dans » quelles dispositions je m'adresse à » toi. O Dieu ! donne-moi la force de » persévérer jusqu'à mon dernier » soupir, et que ta Parole ne s'éloi- » gne jamais de ma bouche ! »

Le 24 mars, à dix heures du ma- tin, le malade eut une nouvelle dé- faillance.

« Ne me quittez point, » dit-il à sa femme et à sa belle-sœur ; « surtout, » ne vous troublez point, car je sais » que Dieu ne vous abandonnera » pas ; il me l'a promis, et je sais » qu'il est la vérité... Oh! Dieu est » amour !... quelle grâce pour moi ! »

Le même jour, vers les trois heures de l'après-midi, une foule de personnes étant venues visiter le malade, attirées par le désir de voir une âme en pleine possession de la paix de Dieu, Galzin se tourne vers les assistants et leur dit :

« Hommes et femmes, écoutez-moi !
» Je me sens pressé de vous parler
» et de vous faire part des grâces
» que Dieu m'a accordées. Je sais où
» je vais; Dieu m'a promis une place
» auprès de lui, et il est fidèle. Si
» j'eusse attendu jusqu'à la dernière
» heure pour me convertir à lui, où
» en serait aujourd'hui ma pauvre
» âme?... Que ma situation serait
» triste !... Si je n'avais d'espérance
» que pour cette vie, je serais la plus
» misérable de toutes les créatures...
» Mais, je suis heureux et bienheu-
» reux , au contraire... N'attendez
» donc pas davantage, mes amis ;
» donnez-vous à Dieu. Il ne faut pas

» dire : *à demain*. Non, n'attendez
» pas à demain... Jouissez dès main-
» tenant de ce bonheur que Dieu
» vous offre. Dieu est toujours dis-
» posé à vous recevoir... Ce Dieu
» d'amour m'a appelé à lui, et il
» vient aussi au-devant de vous. Il
» n'en est pas de lui comme des
» amis de la terre. — Monsieur, dit-
» on à la personne que l'on désire
» voir, à quelle heure puis-je me
» présenter chez vous? — A telle
» heure. — Si vous vous retardez,
» l'ami s'en va. Dieu, au contraire,
» nous reçoit à toute heure... »

Ici le malade s'interrompit pour
prier, la foule entourant toujours son
lit.

« O Dieu! » dit-il, « donne-moi de me
» conduire comme les vierges sages;
» donne-moi d'avoir jusqu'à la fin
» de l'huile dans ma lampe, et puisse
» ma dernière pensée et mon der-
» nier soupir être pour toi! »

Le 25 mars, l'un des pasteurs de l'église, se trouvant auprès du lit du malade, écrivit sur l'ardoise les passages ou fragments de passages suivants :

Je suis le chemin, la vérité, la vie. — Nul ne vient au Père que par moi. — Je vous laisse la paix, je vous donne ma paix; que votre cœur ne se trouble point.

« Je suis bien heureux, » dit le malade après avoir lu ces paroles, « de » posséder ces consolations. Je suis » prêt à déloger de cette terre, quand » Dieu le jugera convenable. »

Après une pause, pendant laquelle Galzin semblait abattu, sa femme lui ayant écrit sur l'ardoise que le pasteur était occupé à transcrire les paroles qu'il venait d'échanger avec lui : « J'étais, tout à l'heure, dans un bien » fâcheux moment, dit-il, mais *tou-* » *jours à Dieu!* »

Le même jour un autre des pasteurs de l'église étant venu voir Galzin, lui annonça que la veille, qui était un dimanche, l'église l'avait recommandé à Dieu, au service du matin et à celui du soir. Galzin répondit qu'il éprouvait le plus grand plaisir de savoir que l'église eût prié pour lui, et il ajouta que cette nouvelle faisait infiniment plus de bien à son âme que la nourriture qu'il venait de prendre n'en pouvait faire à son corps.

Le pasteur lui ayant dit alors que l'église avait demandé au Seigneur d'augmenter en lui la foi en son Sauveur, et de le soutenir jusqu'à la fin :

« C'est là ce que je demande aussi, » repartit Galzin, « et je suis assuré » que le Seigneur m'exaucera. »

Enfin, le serviteur de Dieu ayant demandé au malade, ainsi qu'il l'avait fait bien des fois dans ses visites précédentes, s'il continuait à se bien trouver de la lecture du *Consolateur du malade* (toujours suspendu devant ses yeux aux rideaux de son lit) :

« Oh! oui, » s'écria-t-il ; « c'est là (en indiquant le recueil) que se
» trouve mon espoir et ma consola-
» tion ; et quand les personnes qui
» viennent me voir jettent les yeux
» sur ce livre, je leur dis que les
» paroles qu'il contient font toute ma
» joie. »

En prononçant ces derniers mots, un sourire vraiment céleste vint illuminer la physionomie du malade.

Le lendemain, vers trois heures du matin, après avoir pris quelque nourriture, Galzin s'adressa à Dieu de la manière suivante :

« O Dieu ! que tu es bon de per-
» mettre que tous les soins nécessai-
» res me soient accordés : toujours
» de nouvelles grâces de ta part!...
» Et tu me donnes encore une fois

1.

» la force de te remercier. Oh! nous
» ne pouvons sonder ton infinie
» bonté. »

Le 27 mars, à deux heures de
l'après-midi, sa plus jeune fille allait
se rendre à l'école ; il l'appela, et,
après avoir aussi fait venir l'aînée
auprès de lui, il leur dit :

« Voyez, mes chères filles, la si-
» tuation de votre père. Que ferais-
» je maintenant, si je ne m'étais
» tourné vers Dieu? Faites comme
» j'ai fait; donnez votre cœur à Dieu,
» et alors, quoi qu'il arrive, il sera
» avec vous et ne vous abandonnera
» jamais. Je vais vous quitter, mais
» souvenez-vous des choses que je
» vous dis. Si vous ne les oubliez
» pas et si vous suivez mes conseils,
» vous serez toujours heureuses
» comme je suis heureux moi-même.
» Avant que je connusse le Seigneur,
» j'étais angoissé et je me disais :
» Que deviendra ma famille sans

» moi? Mais maintenant, le délo-
» gement ne me cause plus de peine,
» car Dieu m'a promis de vous pren-
» dre sous sa protection. Conservez
» donc, mes chères filles, gravées
» dans votre cœur les paroles que je
» viens de vous adresser, et Dieu
» vous bénira. »

Le jour suivant, l'un des pasteurs
étant entré, Galzin lui dit, comme en
se réveillant :

« Vous me trouvez plongé dans
» mes préoccupations et mes souf-
» frances habituelles. Je me deman-
» dais tantôt quelles sont, parmi les
» souffrances, les plus grandes, celles
» qui affligent le corps ou celles qui
» affligent l'âme. Ce sont celles de
» l'âme, n'est-ce pas? Que serait en
» effet la vie sans la paix de l'âme?
» Oh ! j'ai des moments de souffran-
» ces bien pénibles ; mais que la
» volonté du Seigneur soit faite ! J'ai
» bien souffert pendant cette jour-

» née ; mais je suis prêt à déloger ;
» un, deux, trois jours, trois semai-
» nes, un mois peut-être, qu'est-ce?
» Je demande au Seigneur de me
» préparer pour l'heure de sa venue;
» je l'attends; il me tarde de délo-
» ger, mais que sa volonté soit faite
» et non la mienne. »

Après un moment de repos , pendant lequel le pasteur écrivit sur
l'ardoise ces paroles de l'Ecriture :
*Ne craignez point ceux qui peuvent
faire mourir le corps...*

« Oh! » répondit le malade après
avoir lu, «·les souffrances du corps
» ne sont pas celles que je crains :
» ce sont les souffrances de l'âme. »

Puis, élevant les mains et les yeux
vers le ciel, il murmura :

« L'assurance... oh! je l'ai... J'at-
» tends le Seigneur avec patience et
» résignation. Il est tout mon es-
» poir... »

Comme le pasteur se retirait en

faisant connaître à Galzin que si Dieu
le permettait il reviendrait le voir
dans la soirée : « Je vous verrai avec
» d'autant plus de plaisir, » répon-
» dit-il, « qu'à la dernière heure on
» a besoin d'être fortifié et encou-
» ragé ; on a des moments de fai-
» blesse, et le Tentateur, lui, n'at-
» tend pas; aussi faut-il toujours être
» prêt. »

Dans la soirée, Galzin dit à sa
femme : « Souviens-toi de ton Créateur,
» car il veille sur ceux qui se sou-
» viennent de lui. » — Vers dix heures, le pasteur étant revenu et ayant
écrit sur l'ardoise le premier verset du
psaume CXLI :

« Oh ! oui, » s'écria Galzin, après
avoir lu, « c'est bien toi que je ré-
» clame ! Tu viens à moi, ô mon
» Dieu ! tu es mon guide, mon sou-
» tien, mon consolateur, ma féli-
» cité !... » Ici, le malade s'arrête
quelques instants très-fatigué, puis il

ajoute avec peine : « ... Il ne faut
» pas être pressé avec moi: je ne
» puis parler. » Enfin reprenant le
cours de ses idées: « ... Tu es ma féli-
» cité , oui, ma félicité !... Je sais
» que tu me prépares une demeure qui
» n'est pas faite par la main des
» hommes. Il y a plusieurs demeures
» dans la maison de mon Père ; quand
» ma place sera prête , tu viendras
» me chercher pour me faire jouir
» du bonheur de ceux qui t'aiment !...
» Oh ! oui, » répéta-t-il encore, en
joignant les mains et en élevant ses
regards vers le ciel, « oui, tu es
» mon Dieu, ma félicité ! »

Le 29 mars, à six heures du matin,
ses souffrances augmentant, Galzin
adressa à Dieu la prière suivante :
« Garde-moi, afin qu'aucune mau-
» vaise pensée ne vienne troubler
» mon âme ; je sais que. ta grâce me
» suffit ! »

Vers quatre heures de l'après-midi,

le malade ayant ouvert les yeux, l'un des
pasteurs lui présenta l'ardoise, sur
laquelle il venait d'écrire le dernier
verset du psaume XLII. « Vous me
» trouvez encore en proie à mes souf-
» frances, » lui dit Galzin ; « je suis
» bien abattu aujourd'hui ; mais (par-
lant avec une certaine force) mon
» âme ne l'est pas : elle célèbre en-
» core son Dieu. Je vois arriver mon
» heure avec joie ; le délogement ne
» me fait pas peur : je sais où je vais ;
» je vais jouir d'une vie éternelle-
» ment heureuse. J'ai cette assurance
» et mon âme est en paix. » (Puis, avec
une vive émotion) : « Mon Dieu, »
dit-il, « que tu es bon et miséricor-
» dieux ; tu daignes me recevoir. Ton
» Fils est venu chercher et sauver ce
» qui était perdu... de grands pé-
» cheurs... dont je suis le premier ! »
Vers les huit heures et demie du soir,
on lui demanda s'il désirerait voir le
pasteur, « Oh ! » s'écria-t-il, « quand

» quelqu'un vient m'annoncer le
» messager du Seigneur, c'est le
» plus grand plaisir qu'il puisse me
» faire ! » — A l'entrée du pasteur
dans la chambre, Galzin était recueilli ;
de temps en temps ses lèvres re-
muaient, comme s'il eût été en
prière.

« Vous êtes venu de nouveau pour
» me fortifier, » dit-il en serrant la
main du pasteur ; « vous êtes bien
» bon.. merci ! Vous venez de prier
» Dieu pour moi ; je suis sourd, je n'ai
» pu entendre, mais le Seigneur n'est
» pas sourd, lui : quand on l'implore, il
» prête l'oreille. O mon Dieu ! que tu es
» bon d'écouter tes enfants ! Oh ! oui,
» tu es mon guide, mon consolateur,
» ma félicité !... Je ne puis rien pour
» vous ; je ne puis vous rendre vos bon-
» tés pour moi : mais le Seigneur, vous
» le savez bien, le Seigneur vous le
» rendra. » (Et serrant avec force la
main du pasteur et la gardant rete-

nue dans la sienne) : « Mes forces
» s'en vont, » ajouta-t-il, « je suis
» faible... merci... bien merci... »

Le 30 mars à onze heures du soir,
un ami chrétien, se trouvant avec une
autre personne auprès du malade,
pour le veiller, la fille aînée de celui-ci
eut la pensée de transcrire sur l'ardoise un verset de cantique. Galzin se
montra fort réjoui en lisant ces belles
paroles du cantique 60e des *Chants
chrétiens* :

> Oh ! qu'il est doux de trouver à toute heure
> Un tendre ami prêt à vous soulager ;
> D'être en tout lieu, Jésus, en ta demeure
> Et sur ton sein, au plus fort du danger !

Se tournant, après cette lecture, du
côté des assistants, il leur dit qu'il
était heureux ; que c'était un beau,
un grand privilége que de savoir
qu'une demeure vous attendait dans
le ciel, et que ce privilége, il le pos-
sédait.

Le même jour, l'un des pasteurs annonça au malade qu'il avait été de nouveau recommandé aux prières de l'Eglise. « Je vous remercie, » dit-il ; « Dieu aime tant qu'on le prie ! Je » vous remercie ; Dieu aura entendu » ces prières : j'en ai bien besoin ! »

A neuf heures et demie du soir notre frère joignit les mains ; il murmura quelques paroles, mais on ne distingua que celles de « Seigneur ! » plusieurs fois répétées. — Une faiblesse très-grande s'empara ensuite de lui ; sa tête se pencha en arrière, et il resta en cet état une heure environ. Sa famille avec quelques amis s'empressa autour du lit. En revenant à lui, le malade s'écria : « Oh ! que » d'amis réunis ici pour voir une » pauvre faible créature qui n'est » plus bonne à rien !.. Mon corps » décline... mais mon âme se fortifie ! »

Le 31 mars à cinq heures du soir,

l'un des pasteurs présenta à Galzin le troisième verset du cantique commençant ainsi :

« Comme en un bois épais , etc... »
Le malade répéta à plusieurs reprises :

« O chrétien voyageur, ne crains pas la tempête ,
» Ne crains pas du midi les pesantes ardeurs ;
» Ne vois-tu pas Jésus, qui dès longtemps apprête
» Ce refuge où vers lui vont cesser tes langueurs? »

« Oui, » ajouta-t-il d'une voix faible comme un souffle , « je ne crains » ni les tempêtes, ni les langueurs... » Je suis bien faible... je ne puis » parler... mais c'est le corps seul, » c'est la chair qui est faible. Le » cœur appartient à Dieu... et il n'est » pas en langueur!... Qui pourrait » me soutenir dans ma faiblesse... si » ce n'est le Seigneur?... Je pars » joyeux... Je vois le ciel ouvert pour » me recevoir!... »

Et comme le pasteur le quittait, après une énergique pression de main, Galzin leva les yeux vers le ciel et, avec un sourire de bonheur, il murmura : « O mon bon » Seigneur... je suis à toi... je suis » à toi !... »

Le 1er avril, le pasteur, venu vers cinq heures et demie du soir pour voir le malade, s'approcha de son lit pour prier. Galzin ouvrit les yeux, le vit et de sa main affaiblie il montra le ciel ; puis d'une voix à peine intelligible : « Je m'en vais, » répéta-t-il plusieurs fois ; « mais je m'en vais vers » Dieu ! »

Dans la journée, ses souffrances augmentèrent et son corps s'affaiblit de plus en plus. Bientôt on ne peut plus entendre le malade ; on le voit balbutier des mots inarticulés en levant de temps à autre ses regards vers le ciel.

Le lendemain, à une heure et demie du matin, Galzin demande à boire ; puis il joint les mains, fixe les yeux

vers le ciel, et dans cette attitude calme
et paisible, il s'endort au Seigneur.

Pierre Galzin n'est plus ici-bas !
Il est auprès de Dieu ; mais longtemps
il vivra dans le souvenir de ceux qui
l'ont connu. Fidèle à accomplir ses volontés dernières, sa famille livre aujourd'hui à la publicité les paroles
qui ont pu être recueillies autour de
son lit de mort. N'ayant qu'un but,
celui de conserver pour son édification
et pour celle des âmes pieuses qui le
liront cet héritage précieux d'un époux,
d'un père, d'un frère, d'un ami tendre-
ment aimé, elle ne s'est guère préoccu-
pée de la forme à donner à ce livre : de
là quelques incorrections, des répéti-
tions et un certain désordre dans le
récit qui le compose. « La vérité avant
tout ! » comme disait notre ami. Voir
dans cet opuscule autre chose que
l'accomplissement d'un devoir et qu'un

humble témoignage rendu à la fidélité du Seigneur, ce serait en dénaturer le sens et la portée.

Et maintenant, allez, paroles suprêmes d'un chrétien mourant! va, petit livre, où te poussera le souffle de Dieu! Par ta forme simple et dénuée de tout ornement, tu feras peut-être sourire quelques esprits forts, mais tu n'en resteras pas moins la preuve modeste, mais vivante, des forces et de la paix que peut donner la foi chrétienne à une âme placée dans la situation la plus critique et la plus solennelle de la vie! Tu apporteras aussi quelque consolation à ceux qui pleurent, car tu leur rappelleras que si leurs bien-aimés sont morts au Seigneur,

Ils ne sont pas perdus, ils les ont devancés!

Va, petit livre, malgré ta faiblesse, nous en avons la confiance, tu réveil-

leras, avec l'aide de Dieu, quelques
âmes plongées dans leur sommeil spi-
rituel, et tu affermiras dans leur foi
celles qui veillent et prient déjà!

FIN.

SE TROUVE :

A TOULOUSE,

Chez LAGARDE, libraire, rue Romiguières, 7.

A PARIS,

Chez Ch. MEYRUEIS et Cᵉ, rue de Rivoli, 174 ;
Chez J. CHERBULIEZ, lib., rue de Seine, 33 ;
Chez GRASSART, libraire, rue de la Paix, 2 ;
Chez SCHULTZ, rue Royale-Saint-Honoré, 25.

A LYON. . . . . Chez DENIS fils, rue Impériale, 12.

A STRASBOURG. Chez VOMHOFF, libraire ;
Chez TREUTTEL et WURTZ, lib.

A NIMES.. . . . Chez PEYROT-TINEL, libraire ;
Chez B. GARVE, libraire.

A CASTRES. . . Chez BONNET, libraire.

A GENÈVE.. . . Chez Emile BEROUD, libraire.

A LAUSANNE.. . Chez DELAFONTAINE et Cᵉ, lib. ;
Chez MEYER, libraire.

A NEUCHATEL.. Chez Samuel DELACHAUX, lib.;
Chez J. SANDOZ, lib. évangélique

A BERNE. . . . SOCIÉTÉ ÉVANGÉLIQUE.

A BRUXELLES.. A la LIBRAIRIE CHRÉTIENNE ÉVAN
GÉLIQUE, r. de l'Impératrice, 3

www.ingramcontent.com/pod-product-compliance
Lightning Source LLC
LaVergne TN
LVHW022039080426
835513LV00009B/1144